AF403808

USAGES RURAUX

DU CANTON

DU LOUROUX-BÉCONNAIS

(Maine-et-Loire).

ANGERS

IMPRIMERIE-LIBRAIRIE DE P. LACHÈSE, BELLEUVRE ET DOLBEAU

Chaussée Saint-Pierre, 13

1868

(7)

USAGES RURAUX

DU CANTON DU LOUROUX-BÉCONNAIS.

———

Nous, Préfet de Maine-et-Loire, officier de la Légion d'honneur,

Vu la circulaire de Son Excellence le Ministre de l'agriculture, du commerce et des travaux publics, en date du 15 février 1855, ayant pour objet de faire constater et recueillir dans les départements tous les usages locaux ;

Vu la lettre du 15 août dernier, par laquelle M. le juge de paix du canton du Louroux-Béconnais, fait connaître que le recueil des usages ruraux en vigueur dans ce canton, rédigé en 1855, est très-incomplet et qu'il y a réellement utilité à reprendre ce travail,

ARRÊTONS :

ART. 1er. Sont nommés membres de la Commission chargée de s'occuper de nouveau de recueillir et de constater les usages locaux du canton du Louroux-Béconnais, et plus particulièrement ceux intéressant l'industrie agricole.

Messieurs :

SAUVAGE, juge de paix, président ;

DE MIEULLE, membre du conseil général et de la chambre d'agriculture ;

DELHOMEL, membre du conseil d'arrondissement, maire de Bécon ;

Roffay, notaire et suppléant de la justice de paix, à Bécon ;

Livenais, expert et greffier de la justice de paix, au Louroux ;

Renault, secrétaire du comice agricole, au Louroux ;

Adigard, notaire, au Louroux ;

Grandin, expert,   id. ;

Rousseau, expert,   id. ;

Métivier, expert, à Saint-Clément de la Place ;

Hersan, vétérinaire, à Bécon ;

Parage, propriétaire et agriculteur, à Saint-Augustin-des-Bois ;

Boyer, huissier, au Louroux ;

Germain, expert, à la Cornuaille.

Art. 2. Expédition du présent arrêté sera adressée à M. le juge de paix du canton du Louroux-Béconnais.

Fait à Angers, le 6 septembre 1867.

Pour le Préfet empêché :

Le conseiller de Préfecture délégué.

Signé : De Benoist.

Pour expédition :

Le conseiller de Préfecture faisant fonctions de secrétaire général.

Signé : ....

La Commission a nommé M. Sauvage rapporteur, et a, le 23 septembre 1867, arrêté provisoirement son travail qui a été soumis ensuite à la Commission supérieure.

Par un autre arrêté pris à la même date par M. le Préfet de Maine-et-Loire, une Commission supérieure a été chargée de réviser le travail de la Commission formée dans le canton du Louroux-Béconnais pour recueillir de nouveau et constater ses usages locaux.

Ont été nommés membres de cette Commission supérieure, messieurs :

1° CHEVALIER, procureur général près la cour impériale d'Angers, président;

2° PLANCHENAULT, président de chambre honoraire, vice-président;

3° COUTRET, conseiller à la cour impériale d'Angers;

4° LELIÈVRE, président du tribunal de première instance d'Angers;

5° BELLANGER, bâtonnier de l'ordre des avocats;

6° GODIN, président de la chambre des avoués, près la cour.

La Commission supérieure a, dans une séance tenue le 11 mars 1868, procédé à l'examen des usages ruraux du Louroux-Béconnais. Elle a indiqué diverses modifications à apporter au travail qui lui était soumis et approuvé le surplus.

USAGES RURAUX

DU CANTON

DU LOUROUX-BÉCONNAIS

(Maine-et-Loire).

PRÉLIMINAIRES.

Le canton du Louroux-Béconnais, par sa nature, est essentiellement agricole.

Le sol se compose d'exploitations rurales qui, d'après leur étendue, prennent les noms de métairies, de closeries et de fermes.

La métairie est une propriété, joignant à une habitation rurale, l'exploitation d'une étendue de terre d'au moins dix hectares et au delà, de natures et de cultures diverses. La closerie, de moindre importance, et dans des conditions inférieures d'étendue, comporte de deux à dix hectares. La ferme s'exploite souvent à bras et se compose habituellement de plusieurs pièces de terre d'une étendue variable.

Quant aux pièces volantes, ce sont ordinairement des pièces morcelées, distinctes les unes des autres, ne formant pas corps, et toujours affermées sans bâtiments.

Ces diverses propriétés sont louées, soit à prix d'argent, soit à moitié fruits,

CHAPITRE Ier.

Usages généraux applicables indifféremment aux divers modes d'exploitation.

Art. 1er. — Le contrat de louage commence et finit au 1er novembre; le déménagement et l'aménagement ne s'opèrent que le lendemain. Il est d'usage que le fermier sortant remette à midi les clefs à son successeur.

2. — La durée du bail sans écrit est de trois ans. Pendant ce temps, le preneur doit entretenir les immeubles qui lui sont confiés en bon état de toutes réparations locatives.

3. — En outre de celles que l'art. 1754 du Code Napoléon indique, il est tenu de réparer : 1° l'aire ou les terrasses des maisons d'habitation et des greniers, soit en carreaux, soit en terre ; le sol des écuries, étables, cours et issues, dans des conditions telles que les eaux s'écoulent librement; 2° le carrelage entier ou par partie des fours; 3° le blanchissage de la maison d'habitation, dans des conditions satisfaisantes ; 4° les échelles, râteliers, mangeoires, crèches, auges, dont les bois sont fournis par les propriétaires, et dont la main d'œuvre est payée par les fermiers ; 5° enfin les loges et appentis, soit en chaume, soit en paille.

Aucune de ces réparations n'est à la charge du fermier, si elles sont occasionnées par vétusté ou par force majeure.

4. — Le fermier doit réparer : 1° Dans le courant du mois de novembre, les claies et les barrières qui sont sur la propriété : le bois nécessaire pour les barrières et la limande des claies est fourni par le propriétaire, la main-d'œuvre du tout est au compte du fermier ; 2° les haies et les fossés qui seront relevés aux époques fixées pour la coupe des bois ci-après déterminés. Pour ceux qui n'ont pas de bois, ils seront relevés chaque fois qu'il en sera besoin; 3° les rigoles des champs, lorsqu'ils seront ensemencés ; 4° les rigoles d'irrigation et d'égouttement des prés, qui doivent être nettoyés chaque

année, dans le cours du mois de février au plus tard, épinés et étaupinés, afin de les rendre fauchables dans toute leur étendue.

5. — Les réparations locatives indiquées aux art. 2 et 4, doivent être faites par le fermier sortant avant l'entrée du nouveau fermier. Si elles ne sont pas opérées, ce dernier a soin de faire constater autant que possible, dans le cours de l'année, les réparations à faire, par un procès-verbal de visite des lieux. Le sortant est tenu de payer immédiatement le montant des indemnités fixées par les experts, s'il ne conteste pas l'expertise. Dans ce cas, les réparations sont faites par l'entrant qui a son recours contre son prédécesseur.

6. — Le fermier doit jouir en bon père de famille. Sous peine de devenir personnellement responsable, il doit user de l'immeuble sans y commettre, ni souffrir qu'il y soit commis aucune dégradation, malversation, ni anticipation.

7. — Le fermier ne peut changer la destination des jardins; il ne peut en enlever les terres sans le consentement du propriétaire.

8. — Les prés naturels sont clos le 1er février; les prairies artificielles le sont le 1er décembre.

9. — La récolte des foins commence lorsque les herbes sont arrivées à leur maturité.

10. — Le propriétaire peut faire abattre tels bois de haute tige que bon lui semble. Il doit respecter cependant les arbres fruitiers. La seule indemnité qu'il ait à payer au fermier, est celle de la réparation des haies et du dommage causé par la chute des arbres.

11. — S'il fait abattre des arbres sur un corps de ferme, son fermier ne peut prétendre qu'à la chevelure des arbres émondables.

12. — Le fermier ne peut abattre aucun arbre par tête, pied, ni grosses branches, même sous le prétexte d'élagage utile, ni s'emparer du bois mort ou brisé par accident; dans l'un ou l'autre cas, le bois appartient toujours au propriétaire, sauf l'exception portée à l'art. 14 ci-après.

13. — L'émondage des bois taillables appartient au fermier. Il doit être fait du 1er novembre au 1er avril suivant. Sous peine de dommages-intérêts, le fermier ne peut avancer, ni retarder les sèves, ni recourir sur celles passées depuis l'émondage.

14. — Dans l'intérêt de la conservation des arbres fruitiers, le fermier coupe et profite des menues branches qui viendraient à mourir; comme encore, avant le 1er janvier, il doit les dégarnir du gui et du lierre qui pourraient les gêner, veiller en tout point à leur conservation et répondre des dommages qui leur seraient causés par ses gens ou par ses bestiaux.

15. — On émonde le chêne, le frêne, l'ormeau et les autres bois durs à sept ans; les saules, les aulnes et les ajoncs à cinq ans. Les haies garnies de bois de ces diverses essences mêlées les unes aux autres, sont élaguées tous les sept ans, par rangs, et autant que possible, quand les pièces doivent être ensemencées.

16. — Le fermier, en réparant les haies et en curant les fossés, doit conserver avec soin les jeunes arbres et les jeunes pousses ou écrois de belle venue, sans pouvoir les couper, ni les étêter.

17. — Lorsqu'il plantera une haie vive, il la garnira de branches d'épines ou de bois mort, afin de la garantir convenablement.

18. — Lors de chaque relevage des fossés, il défendra également les jeunes pousses avec des branches d'épines.

19. — La mesure des champs et des prés comprend les haies et les fossés qui en dépendent.

20. — Les terres arables, une fois converties en prairies naturelles du consentement du propriétaire, ne sont plus distinguées des anciens prés. Elles ne peuvent être changées de destination.

21. — Le droit de chasse est censé réservé par le propriétaire.

22. — Le paiement des fermages a lieu par moitié, en deux termes : à la Saint-Martin (11 novembre), et à la Fête-Dieu,

sauf l'année de sortie où le prix est payé en entier le 1ᵉʳ novembre, jour de l'expiration du bail.

23. — Sauf stipulation contraire, les impôts fonciers ordinaires et extraordinaires sont toujours à la charge du propriétaire, et ceux des portes et fenêtres à la charge du fermier.

24. — Quand celui-ci est obligé à leur paiement, l'année qui suit la sortie, le fermier sortant paiera le tiers des impôts, et le fermier entrant les deux tiers.

25. — Les prestations en nature ou en argent pour l'entretien des chemins vicinaux, sont à la charge du fermier. L'année qui suivra la sortie, elles seront acquittées par l'entrant, lors même que le rôle des contributions les porterait au nom de son prédécesseur.

CHAPITRE II.

Usages particuliers applicables seulement aux métairies,
closeries et fermes.

26. — L'assolement actuel des métairies et des closeries est triennal. Les terres doivent être cultivées de la manière suivante : un tiers des terres arables en gros grains, comme froment, méteil et seigle; un huitième de la totalité en menues graines, telles qu'avoines, orges, sarrasins, lin, etc... Pendant la dernière année de jouissance, le fermier sortant ne pourra semer aucuns menus grains.

27. — Le fermier doit, en temps et saison convenables, labourer, fumer et ensemencer les terres des grains qu'elles ont coutume de porter, sans en déranger l'ordre et les saisons.

28. — Les labours, en général, se font : 1° pour les vieilles pâtures, au plus tard au 1ᵉʳ mai; 2° pour les champs en trèfle et autres prairies artificielles, dans le mois de septembre.

29. — Le fermier sortant devra avoir semé tous ses grains avant le 1ᵉʳ novembre.

30. — Autant que possible, une propriété de 30 hectares doit être garnie d'environ 25 têtes de bétail de toute espèce et d'âges différents.

31. — Le cultivateur est tenu d'employer sur le lieu tous les fumiers d'étables, appelés vulgairement manis et les engrais de l'exploitation ; il ne peut en distraire la moindre partie.

Ces manis et engrais ne comptant que pour moitié dans la quantité nécessaire pour la propriété, il devra donc être fourni une somme égale en engrais étrangers, à raison de 50 fr. par hectare ensemencé.

32. — La quotité de semence est généralement de deux hectolitres par hectare.

33. — L'on ne peut ensemencer deux années de suite les mêmes terres en céréales de même espèce.

34. — Toutes les récoltes sont sarclées convenablement :
Les froments et les seigles du 15 mars au 1er mai ;
Les grains de printemps avant le 1er juin.
Les patiences, chiendents, cardons et autres plantes à graines nuisibles, doivent être scigneusement détruits sur toute la propriété, avant la maturité de leurs semences.

35. — Tous les foins, pailles, chaumes et plantes fourragères, les genets, ajoncs et litières, provenant de l'exploitation, ainsi que les sons, cendres et charrées, doivent être consommés et employés sur le lieu ; le fermier ne peut ni les vendre, ni les enlever pendant le cours et à la fin du bail.

36. — Dans l'année où a lieu un changement de fermier, celui qui entre au 1er novembre, profite des deux tiers des foins des prairies naturelles ; l'autre tiers reste au fermier en jouissance.

37. — Chaque fermier fauche, fane, met en meules ou en barges et engrange sa portion de foin. Le sortant en fait le transport en totalité, et, en compensation, les gerbes de l'année suivante sont voiturées par son successeur.

38. — Les greniers à foin sont laissés de préférence à la dis-

position du fermier entrant. Les granges, d'un autre côté, profitent au sortant, dans la proportion du partage des foins.

39. — Le fermier sortant peut faire consommer la quantité de foin à lui attribuée par l'article 36, mais il ne peut ni vendre ni enlever la portion de ce foin qui resterait au jour de son départ.

40. — La totalité des foins artificiels appartient au sortant. Il peut les faire consommer tous, verts ou secs, avant sa sortie ; mais il ne peut, ni vendre, ni enlever ceux qui existeraient encore le 1er novembre. Il ne peut non plus en faire de la litière.

41. — Le fermier sortant doit avoir ensemencé avant le 1er novembre, le tiers des terres qu'il est tenu d'emblaver. Les terres qu'il y affecte sont labourées par lui en saison convenable ; il ne peut les choisir, et doit prendre celles qui se trouvent à leur tour d'assolement. Les fermiers sortant et entrant fournissent, par moitié, les engrais étrangers et les semences nécessaires pour emblaver ce tiers.

42. — Si dans la dernière année de sa jouissance, le fermier sortant a ensemencé plus du tiers en céréales, l'entrant a droit à la moitié des céréales provenant de l'excédant du tiers, sans préjudice des indemnités qui peuvent être mises à la charge du sortant, suivant les circonstances.

43. — L'entrant a encore droit à la moitié des menus grains dont le fermier sortant récolte les graines ; mais si ce dernier les fait consommer en vert, il ne doit rien au fermier entrant.

44. — Celui-ci pourra semer dans l'avant-dernier grain ensemencé, et après le 1er mars, des trèfles ou autres graminées fourragères, environ le vingtième des terres arables. Dans la dernière récolte, c'est-à-dire dans l'ensemencement qui précède son entrée, il aura également le droit de semer les mêmes plantes, dans le dixième des mêmes terres, à son choix. Le pâturage des foins, pour les premiers, sera fait par les poulains et les bêtes à cornes âgés de moins d'un an, et qui appartiennent au fermier sortant. La récolte des seconds sera faite par l'entrant.

45. — Le premier sortant laisse à la disposition de celui qui doit lui succéder, une certaine quantité de terre destinée aux choux et autres fourrages verts. Pour cela, il lui abandonne une ou plusieurs parcelles de terre, aussi à proximité que possible de la maison. A cet effet, il l'autorise à préparer la terre, pour la plantation de ces choux, dès le 1er mars, dans la proportion d'un dixième de l'étendue de la terre arable. Au 1er septembre, il lui permet encore de semer des grains pour les faire consommer en vert, dans la proportion d'un vingtième de la même étendue.

46. — C'est le fermier entrant qui doit faire le pailler de la moisson qui précède la sortie du fermier alors en jouissance.

47. — Les chaumes sont laissés debout dans les champs. Ceux des froments ne pourront avoir plus de 15 centimètres, ceux des seigles plus de 35 centimètres.

48. — Le fermier sortant ne peut faire consommer aucune paille. Il doit laisser même celle du trèfle à graine, celle du sarrasin, ainsi que les fanes des pommes de terre.

49. — En sortant, le fermier doit laisser dans le jardin une quantité de choux d'hiver, dans la proportion de dix pieds par hectare de toute l'étendue de la propriété.

CHAPITRE III.

Usages particuliers applicables seulement aux terres volantes.

50. — Les fermiers de ces sortes d'exploitations cultivent les terres comme bon leur semble, sans pouvoir néanmoins changer leur nature et leur exploitation. Elles doivent être fumées conformément à l'article 31.

51. Le fermier dispose comme il l'entend, des foins, pailles, chaumes, manis et engrais, et des produits quelconques qu'il

récolte, même la dernière année de sa jouissance, s'il y a bail à période.

52. — Si cependant il avait trouvé à son entrée de la paille et du chaume, il devrait en laisser la même quantité à sa sortie.

53. — Lorsque le fermier est chargé des impôts fonciers, il doit l'année de sa sortie, les payer jusqu'au 1er janvier suivant.

54. — Le bail sans écrit de ces sortes d'exploitation et la tacite reconduction sont d'une année.

55. — Pour la dernière année du bail, le prix de fermage est exigible avant l'enlèvement de la récolte.

CHAPITRE IV.

Usages applicables aux prairies.

56. — Les prairies isolées entrant dans la catégorie des pièces de terre volantes, les articles 53 et 54 leur sont applicables.

CHAPITRE V.

Usages applicables aux baux à moitié fruit.

57. — Le fermier fournit la moitié des bestiaux et des semences de toute nature, nécessaires à l'exploitation; il fournit seul la totalité des instruments aratoires.

58. — Tous les fruits naturels et industriels se partagent par égales portions entre le propriétaire et le fermier, à l'exception seulement de ceux qui doivent être consommés sur le lieu, pour la nourriture des bestiaux.

59. — Les émondes des bois taillables, les volailles et les abeilles, appartiennent exclusivement au fermier. Mais il ne lui est pas permis de vendre le lait provenant de ses vaches.

60. — Celui-ci peut cultiver dans son jardin les légumes nécessaires à son ménage. Le surplus rentre dans la catégorie des produits communs.

61. — Il exécute, à ses frais, tous les travaux de culture, d'exploitation et de récolte.

62. — Le colon paie la moitié de la contribution foncière et la totalité des autres impositions.

63. — Les hommes nécessaires sur le lieu et les bestiaux qui le garnissent ne peuvent être employés à aucun travail, hors de la ferme, sans le consentement du propriétaire.

64. — Il doit également se conformer à la volonté du propriétaire pour le choix des races, la quantité des élèves de toute nature et la castration des mâles ; pour le choix des semences ; pour la quotité et le genre des diverses cultures, et pour la forme des labours.

65. — Le propriétaire indique les femelles qui doivent être saillies ; il a le choix des étalons et paie la moitié de la saillie.

66. — S'il oblige le fermier à les conduire à plus de deux myriamètres, il paie seul le prix de cette saillie.

67. — Les veaux, de quelque sexe qu'ils soient, ne sont pas sevrés avant quatre mois. Ils sont castrés pendant l'allaitement.

68. — En général, la direction de la ferme à colonie partiaire, appartient au propriétaire. Le choix des animaux à vendre, à acheter ou à échanger, lui revient exclusivement, et, dans aucun cas, le colon ne peut, sans son consentement, vendre, ni acheter aucun bétail.

69. — Si le propriétaire exige que le fermier batte les grains avec des machines ou des instruments perfectionnés, il dévra fournir la moitié des frais de location.

70. — La récolte et le battage des blés une fois opérés, les grains et les graines de toute espèce sont convenablement

nettoyés au tarare, les lins et les chanvres sont battus et livrés en paille ; les fruits à couteau sont serrés à la main et les fruits à cidre ramassés.

71. — La part de tous les produits revenant au propriétaire doit être transportée à son domicile, ou au lieu qu'il indique, dans un rayon de deux myriamètres. Dans le cas de changement de fermier, ce transport se fait par le fermier occupant et non par celui qui est sorti.

72. — Le fermier doit conduire, à ses frais, aux foires et marchés désignés par le propriétaire, les bestiaux destinés à être vendus, et remettre à celui-ci, à sa demeure, la moitié du produit de la vente. Les droits de péage aux foires sont supportés par le fermier.

73. — Les salaires du vétérinaire, du cribleur, du taupier et du maréchal ferrant sont payés à frais communs. Il en est de même des médicaments. Ceux du maréchal taillandier sont à la charge du fermier seul.

74. — Les engrais étrangers sont payés par moitié et voiturés par les attelages du lieu, aux frais du fermier, qui va les prendre aux endroits où la vente s'en fait ordinairement. Si ces attelages ne suffisent pas, il en est pris d'autres, qui sont à frais communs.

75. — Le fermier prélève sur la quantité des pommes de terre et des autres plantes fourragères, ce qui lui est nécessaire pour les besoins de son ménage et pour l'engraissement d'un ou de plusieurs porcs, suivant ses besoins et ceux de sa famille.

76. — Il doit l'entretien des nouvelles haies qu'il plaît au propriétaire de faire, et il ne peut s'opposer, soit à cet établissement, soit à la suppression ou à la modification des anciennes.

77. — A l'époque de la sortie du colon, il est formé deux lots des bestiaux qui sont sur l'exploitation. Ils sont tirés au sort ; l'un est pour le propriétaire, et l'autre pour le fermier.

78. — Les fermiers généraux, s'il en existe, sont substitués à tous les droits attribués aux propriétaires.

CHAPITRE VI.

Usages applicables aux maisons d'habitation.

79. — Dans la généralité du canton, le bail des maisons d'habitation est fait du 1er novembre au 1er novembre suivant.

80. — Les articles 2 et 4 ci-dessus, relatifs aux réparations des bâtiments des exploitations agricoles, sont applicables aux locations des maisons d'habitation.

CHAPITRE VII.

Usages applicables aux bois taillis.

81. — Les bois taillis, où l'essence du chêne domine généralement dans le canton, sont coupés à l'âge de neuf ans. S'il y a aménagement établi, le fermier doit le suivre sans s'en écarter. Il profite des sèves en raison de sa jouissance.

82. — Les bois, existant sur les haies, sont coupés comme les taillis eux-mêmes, et les haies et fossés sont réparés en même temps.

83. — Les bruyères et le mort-bois ne peuvent être coupés avant le taillis. Les feuilles, gazons, glands et faines, ne doivent jamais être enlevés.

84. — Le fermier ne peut jamais mettre des bestiaux à paître dans les bois taillis, sans l'autorisation expresse du propriétaire.

85. — Les bois doivent être nettoyés et vidés au premier mai, dans l'année de la coupe.

86. — Il n'y a pas d'usage sur la quantité de baliveaux à laisser. Le fermier n'est tenu d'en conserver qu'autant que cette condition lui aurait été imposée par le propriétaire.

CHAPITRE VIII.

Usages applicables aux moulins.

87. — Lors de l'entrée en jouissance d'un meunier, il est fait une estimation des tournants, virants et travaillants.

A sa sortie, un récolement a lieu, et le rapport de la différence, entre les deux estimations, revient à qui de droit.

88. — Il est payé au meunier un droit de mouture par ses clients. Ce droit est du dixième du poids ou d'un dixième de la mesure, c'est-à-dire d'un double décalitre sur deux hectolitres; quelquefois il est payé en argent; le tout, à la condition que le meunier prend le grain à la ferme et y rapporte la farine.

CHAPITRE IX.

Usages applicables aux congés.

89. — Lorsque des congés sont donnés pour faire cesser une location, ces congés doivent être remis au plus tard, savoir :

1° Pour les métairies, closeries et fermes, une année d'avance ;

2° Pour les pièces volantes, jardins, moulins, maisons d'habitation ou de commerce, six mois d'avance, si le prix de la location dépasse cinquante francs, et trois mois s'il est inférieur à ce chiffre.

CHAPITRE X.

Usages applicables aux ventes de bois à brûler.

90. — Les bois à brûler se vendent, savoir :

1° Le bois en quartiers, à la corde forestière ayant 2 ^{m} 66 de longueur ou de couche, 88 centimètres de largeur et 1 ^{m} 50 de hauteur.

2° Le bois de branchages par fagots à un et à deux liens.

Les fagots à deux liens ont généralement 1 ^{m} 50 de hauteur, et 75 centimètres de circonférence.

Ceux à un lien ont 1 ^{m} 50 de hauteur et 1 mètre de tour.

CHAPITRE XI.

Passages.

91. — Lorsque la largeur des passages n'est pas déterminée par les actes constitutifs de la servitude, il est d'usage d'accorder :

1° Pour un passage avec voiture attelée. . . . 3 ^{m} »
2° Dans les anfractuosités. 5   33
3° Pour un passage à pied seulement. . . . . » 82
4°   Idem   à pied et à cheval chargé. . 1 66
5°   Idem   avec civière ou brouette. . . 1 »
6°   Idem   pour mener et ramener les
      bestiaux. 1 66
   Si le passage n'est pas clos, les animaux sont
      menés à la corde.
7° Pour aller à un puits ou à une fontaine. . . 1 »
8° Le tour d'échelle. . . . . 1 »

CHAPITRE XII.

Fossés.

92. — Tout propriétaire qui veut clore son héritage par un fossé, doit laisser, en dehors de l'ouverture de ce fossé, le long de la propriété voisine, une lisière de terre de 17 centimètres, appelée sabotée. Cette portion de terre appartient toujours au propriétaire qui la reprend s'il vient à supprimer le fossé. Le voisin a la jouissance de l'herbe qu'elle produit spontanément.

93. — L'ouverture des fossés a généralement 1 ᵐ 66 centimètres, y compris la sabotée, avec pente de 45 degrés du côté de l'héritage contigu.

94. — Les propriétés séparées par un fossé sont bornées par la largeur constante, apparente et reconnaissable du fossé.

95. — A défaut de ces remarques, la limite de la propriété, d'où dépend la haie, est établie du côté de la propriété voisine, à 1 ᵐ 66 à prendre du milieu des souches d'épines blanches, ou, à défaut des anciennes souches de la haie, jusqu'à la limite de l'héritage.

CHAPITRE XIII.

Constructions diverses.

96. — Pour bâtir auprès d'un mur appartenant en tout ou en partie à un voisin, on doit observer les distances suivantes :

Pour une étable, une écurie ou une fosse à fumier, on construit un contremur de 22 centimètres d'épaisseur. Pour un amas de matières corrosives, le contremur doit avoir 33 centimètres d'épaisseur. Pour une forge, un four ou fourneau, on laisse un intervalle vide et non clos, large de 16 centimètres et demi (six pouces), entre le mur voisin et le contremur, qui doit avoir 33 centimètres. Pour un puits ou une fosse d'aisances, le contremur a 50 centimètres d'épaisseur. Un mètre de maçonnerie est nécessaire entre deux puits; un mètre 33 centimètres de maçonnerie est utile, lorsqu'il y a, d'un côté un puits et de l'autre une fosse d'aisances; mais cette épaisseur ne peut être exigée si le puits a été construit le dernier, et si les parois de la fosse sont imperméables.

Le tout, sans préjudice de dommages-intérêts pour mauvaise exécution.

CHAPITRE XIV.

Louage des domestiques.

97. — En général, le louage des domestiques est d'une année entière. Il commence et finit à la Saint-Jean, le 24 juin de chaque année. A moins de conventions contraires, il finit à cette époque, quelle que soit celle de l'entrée du domestique.

98. — Ordinairement, il est donné par le maître au domestique dont il loue les services, des arrhes ou denier à Dieu. On considère la somme versée comme un à-compte sur le prix convenu.

99. — La résolution du contrat de louage peut avoir lieu de part et d'autre après sa mise à exécution, ou avant le jour fixé pour sa durée.

Une distinction, dans ce cas, est établie entre le domestique attaché à la personne du maître et celui attaché à la culture.

100. — La résolution du contrat de louage, au premier lieu, ne donne naissance à aucune indemnité de part ni d'autre, à

la condition que les parties se préviendront quinze jours à l'avance. Le maître peut alors renvoyer son serviteur, et le domestique peut quitter son maître à volonté, principe fondé sur la supposition que dans le laps de temps ci-dessus indiqué, le maître trouvera facilement un autre domestique, et ce dernier une nouvelle place.

101. — L'inexécution de ce délai oblige celle des parties qui l'enfreint à payer à l'autre une indemnité laissée à l'appréciation du juge de paix, et qui sera en rapport avec le préjudice causé.

102. — Il n'en est pas de même à l'égard des domestiques destinés aux travaux des champs et à la culture des terres, qui se font dans un temps et dans un ordre de choses déterminés. Si le domestique quitte son maître ou est renvoyé par lui, il est dû une indemnité à celui des deux qui justifie d'une cause légitime de la résiliation du contrat.

103. — Cette indemnité, calculée à raison du dommage occasionné, est appréciée, suivant les circonstances, par le juge de paix.

Ces dernières règles sont applicables également aux domestiques d'auberge, à ceux des moulins et aux fariniers.

104. — Les gages s'acquittent à l'expiration du temps de service. Cependant, il est admis que le maître peut faire, sur l'année, des avances au domestique, quand les besoins de celui-ci l'exigent.

105. — Dans le cas de résiliation du contrat de louage, le prix des gages et les indemnités sont réglés et comptés au moment même de la sortie du domestique.

106. — N'est pas admise pour cette résiliation, l'excuse tirée du fait même que le domestique prend un état, s'engage au service militaire, se marie, ou rentre chez son maître ou chez ses parents.

107. — Le maître n'est pas admis à faire valoir qu'il n'a plus besoin de son domestique.

108. — Si un fermier cesse d'exploiter, le domestique peut

résilier le louage ou rester au service du nouveau fermier. Si ce dernier n'accepte pas les services du domestique, celui-ci peut exiger des dommages-intérêts du fermier sorti ; s'il est mort, de ses héritiers.

109. — L'article précédent est applicable au domestique attaché à la personne, soit par suite de décès, soit par suite du départ du maître pour une résidence très-éloignée du canton.

110. — Quand les parties n'ont pas spécifié le genre du travail, le domestique doit faire indistinctement tous les travaux qui lui sont commandés, toutefois dans la mesure de ses forces.

111. — Si la santé du domestique est devenue mauvaise, il peut, après avoir en fait la preuve par un certificat de médecin, quitter son maître sans être tenu à lui payer une indemnité ; la même facilité est accordée au maître dont le domestique, pour cause de maladie, est hors d'état de faire le travail pour lequel son temps a été loué. — Une tolérance d'une semaine est accordée pour cause d'indisposition un peu grave.

112. — Dans le compte de fin d'année, il est fait remise au domestique, jusqu'à concurrence d'une semaine, des journées qu'il a perdues pour maladie.

113. — Si, pour d'autres causes, le domestique a encore perdu d'autres journées, il doit en tenir compte au maître, non pas sur le prix général de son salaire annuel, mais à raison de l'époque et de la saison où a eu lieu la perte de temps. S'il a fallu même le remplacer par un journalier, il rembourse toute la dépense que celui-ci a occasionnée.

114. — Si par suite de l'inconduite du domestique ou du défaut d'accomplissement de ses obligations, le maître se voit forcé de le renvoyer, ce dernier n'est tenu à aucune indemnité. Dans certains cas, il peut même en réclamer une au domestique.

115. — Celui-ci doit entrer chez son maître le 24 juin, au coucher du soleil. Il lui doit l'emploi de tout son temps ; les

dimanches et jours de fêtes reconnus et consacrés, il n'est tenu qu'aux soins des bestiaux et du ménage. A l'époque des récoltes, s'il est à craindre que le moindre retard porte préjudice au maître, si surtout il est nécessaire de mettre la récolte en sûreté, il doit employer son temps, pendant ces jours de fêtes, comme aux autres jours de la semaine.

116. — Si les jours de dimanches et de fêtes le domestique, après l'accomplissement de ses obligations, veut aller à ses affaires ou à ses plaisirs, ce qu'il ne peut faire sans l'autorisation du maître, il doit rentrer chez ce dernier, au plus tard à dix heures du soir, depuis le 1er avril jusqu'au 30 septembre, et à neuf heures du soir, depuis le 1er septembre jusqu'au 31 mars. Il doit aussi se présenter pour les repas, et il ne peut jamais exiger qu'un repas particulier lui soit servi.

117. — Lorsque le domestique quitte son maître le jour de la Saint-Jean, il doit, avant sa sortie, faire les travaux auxquels il était ordinairement tenu.

118. — Le père, la mère ou le tuteur qui veut toucher les gages du domestique mineur, est tenu de pourvoir à son entretien; s'il ne le fait pas, il est obligé à tenir compte au maître des sommes que ce dernier aurait dépensées pour cet entretien, mais seulement lorsqu'elles l'ont été dans une limite juste et raisonnable.

119. — En général, les circonstances, l'époque de la sortie ou du renvoi d'un domestique, déterminent seuls l'appréciation des motifs et du chiffre des indemnités que doit fixer le magistrat.

CHAPITRE XV.

Métiviers.

120. — Il existe une seconde catégorie de gens de service,

nommés métiviers, qui, moyennant un prélèvement sur la récolte, coupent les blés, les mettent en gerbes, les battent, les vannent et les montent au grenier. La remise qui leur est accordée est ordinairement du septième de la récolte.

121. — Le louage des métiviers commence habituellement le 24 juin et finit le jour de la Saint-Martin (11 novembre).

122. — Les règles concernant les domestiques des deux sexes attachés à la culture leur sont applicables.

Arrêté au Louroux-Béconnais, le 4 juin 1868.

Signé : ROFFAY ; DELHOMEL ; LIVENAIS ; J. PARAGE ; HERSAN, vétérinaire ; ROUSSEAU ; MÉTIVIER ; GERMAIN ; RENAULT ; BOYER ; J. DE MIEULLE ; ADIGARD ; GRIMAUDIN et H. SAUVAGE, juge de paix.

Angers, imp. P. Lachèse, Belleuvre et Dolbeau.-8-762

www.ingramcontent.com/pod-product-compliance
Ingram Content Group UK Ltd.
Pitfield, Milton Keynes, MK11 3LW, UK
UKHW020007130726
13694UKWH00005B/2132